AF466408

LA FRANCE

DRAMATIQUE

AU DIX-NEUVIÈME SIÈCLE,

Choix de Pièces Modernes.

Variétés.

LES ANTIPODES,

VAUDEVILLE EN UN ACTE.

N.° T.

1171—1172

PARIS,
N. TRESSE, ÉDITEUR,
Successeur de J.-N. Barba,
PALAIS-ROYAL, GALERIE DE CHARTRES, Nos 2 ET 3,
Derrière le Théâtre-Français.

1854

FRANCE DRAMATIQUE. — PIÈCES EN VENTE.

Abbaye de Castro, (l'), drame, 5 actes. 60
Abbé (l') Galant, vaud., 2 actes. 60
Abbé de l'Epée (l'), com., 5 actes. 60
Agamemnon, trag., 5 a. 60
Aline Patin, vaud., 3 a. 60
Aline, reine de Golconde, op.-com. 60
Alix ou les deux Mères, drame, 5 actes. 60
Amant bourru (l'), com., 3 actes en vers. 60
Ambassadrice, op-com., 3 actes 60
A minuit, dr., 3 actes. 60
Amour (l'), vaud., 3 a. 60
André Chénier, dr., 3 a. 60
Angéline ou la Champenoise, vaud., 1 a. 60
Anglaises pour rire (les) vaudeville, 1 acte. 60
Angèle, dra., 5 a. Dumas. 60
Angélus (l') dr., 5 a. 60
Antony, dr., 5 a. Dumas 60
Anneau de la Marquise (l'), v., 1 acte. 60
Aristocraties (les) com., 5 actes, en vers 1 »
Article 213 (l') vaud., 1 a. 60
Assemblée de Famille (l'), c., 5 a., en vers. 60
Auberge des Adrets (l'), drame, 3 actes. 60
Avant, Pendant et Après, v., 3 actes. 60
Avocat de sa cause (l') com., 1 acte. en vers. 60
Bains à domicile (les) vaud. 60
Bambocheur (le), v., 1 acte. 60
Barbier de Séville, (le) op-c., 4 actes. 60
Barbier de Séville (le), comédie, 4 act. 60
Barcarolle (la), op.-com. 3 actes. 60
Bayadères de Pitiviers (les) vaud., 3 actes. 60
Béatrix, drame, 4 act. 60
Beau-Père (le), v., 1 a. 60
Bélisario, vaude., 2 act. 60
Belle aux cheveux d'or, (la) féerie, 5 actes. 60
Belle Bourbonnaise (la) drame, 3 actes. 60
Belle Écaillère (la), dr., 3 actes. 60
Belle et la Bête (la), vaud. en 2 actes. 60
Belle Mère (la) et le Gendre, com., 3 actes. 60
Belle Sœur (la), c., 2 a. 60
Bénéficiaire (le), v., 5 a. 60
Bertrand l'horloger, c., vaud., 2 actes. 60
Bertrand et Raton, c., 5 actes. 60
Biribis le Masourkiste, vaudev., 1 act. 60
Bobèche et Galimafré, v. 3 act. 60
Bœuf gras, (le) vaud., 1 a. 60
Bohémiens de Paris (les) 60
Bohémienne de Paris (la). dr. 5 act. 60
Bonhomme Job (le) vaud, 3 act. 60
Bonnes d'enfans (les), vaudeville, 1 acte. 60
Boulangère a des écus (la), vaud., 2 actes. 60
Bourgeois de Gand (le), drame, 5 actes. 90
Bourgeois grand seigneur (le), com., 3 a. 60
Bourgmestre de Saardam (le), v., 2 actes. 60
Bourru bienfaisant (le), com., 3 actes. 60
Branche de chêne (la), drame, 5 actes. 60
Brasseur de Preston (le) op.-com., 3 actes. 60
Bruno le fileur, vaud., 2 actes. 60
Brigitte, dr., 3 actes. 60
Brodquins de Lise (les) vaud., 1 acte. 60
Bruëis et Palaprat, c., 1 acte. 60
Brutus, vaud., 1 acte. 60
Budget d'un jeune ménage (le), vaud., 1 a. 60
Bureau de placement (le), vaud., 2 actes. 60
Cabinets (les) particuliers, vaud., 1 acte. 60
Cachucha (la), v., 1 a. 60
Cagliostro, op-c., 3 a. 60
Catas, drame 3 actes. 60
Caleb de Walter Scott (le) vaud., 1 acte. 60
Camaraderie (la), c., 5 a. 60
Camarade du ministre (le), com., 1 acte. 60
Camargo (la), v., 4 a. 60
Camp des croisés (le), drame., 5 actes. 60
Canaille (la), v., 3 actes. 60
Candinot, roi de Rouen, vaud., 2 actes. 60
Capitaine de voleurs (le) vaud., 2 actes. 60
Capitaine (le) Charlotte, com.-v., 2 a. 60
Caporal et la payse (le) com.-vaud., 1 acte. 60
Caravage, dr., 3 actes. 60
Carlin à Rome, v., 1 acte. 60
Carlo Béati, vaud., 3 a. 60
Carmagnola, op., 2 a. 60
Carte à payer (la), v., 1 a. 60
Carte blanche, c., 1 a. 60
Cartouche, dr., 3 actes. 60
Catherine ou la Croix d'or, vaud., 2 actes. 60
Catherine II, tra., 5 a. 1
Catherine Howard, dr. 5 actes. Dumas. 60
Célibataire (le) et l'Homme marié, com. 3 a. 60
Cendrillon, op.-com., 3 actes. 60
C'est encore du bonheur, vaud., 3 actes. 60
C'est monsieur qui paie, vaud. 1 a. 60
C'était moi, dr., 2 a. 60
Chacun de son côté, com. 3 actes. 60
Chaîne électrique (la), com. 2 actes. 60
Châlet (le) op.-c., 1 a. 60
Changement d'uniforme (le), vaud., 1 acte. 60
Chanoinesse (la), v., 1 a. 60
Chansons de Béranger (les), vaud., 1 acte. 60
Chantre et Choriste, v., 1 acte. 60
Charles VII, tra., 5 actes. Dumas. 60
Chêne du roi, tra., 3 a. 60
Chevalier (le) du temple, dr., 5 actes. 60
Chevilles de maître Adam (les), c., 1 a. 60
Chiffonnier (le), v., 5 a. 60
Christine, dr. 5 actes. 60
Ci-devant jeune homme (le), v., 1 acte. 60
Citerne d'Albi (la) dr., 3 actes. 60
Cléopâtre, tra., 5 actes. 60
Clermont ou une Femme d'artiste, v., 2 a. 60
Closerie des Genets, dr., 5 actes. 60
Clotilde, drame 5 actes. 60
Clytemnestre, tra., 5 a. 60
Cocarde tricolore (la), vaud., 5 actes. 60
Code et l'Amour (le), vaud., 1 acte. 60
Code noir, op.-c., 3 a. 60
Coffre-fort (le), v., 1 a. 60
Coiffeur et le perruquier (le), vaud., 1 a. 60
Coin de rue (le), v., 1 a. 60
Colonel (le), v., 1 a. 60
Comédiens (les), dr., 5 a. 60
Comité de bienfaisance (le), com., 1 a. 60
Commis-voyageur (le), vaud., 2 a. 60
Comte Ory, op., 3 a. 1
Comtesse d'Altemberg, dr., 5 actes. 60
Conte des Fées, v., 3 a. 60
Conteur (le), com., 3 a. 60
Contrastes (les), c., 1 a. 60
Contrebasse, vaud., 1 a. 60
Convenances d'argent (les), c., 3 actes. 60
Couleurs de Marguerite (les), vaud., 2 a. 60
Course à l'héritage, com., 5 actes. 60
Courte-paille (la), v., 3 a. 60
Cousin du ministre (le), vaud., 1 a. 60
Couturières (les), v., 1 a. 60
Couvent de Tonnington (le), drame, 3 a. 60
Cuisinières (les), v., 1 a. 60
Dagobert ou la Culotte, vaud., 3 a 60
Dame blanche (la), op.-com., 3 a. 60
Dame de Laval (la), dr., 3 actes. 60
Dame de St-Tropez (la), drame en 5 actes. 60
Daniel-le-Tambour, v., 2 actes. 60
Débardeur (le), v., 2 a. 60
Débutant (le), c., 1 a. 60
Delphine, com. 2 actes. 60
Démence (la) de Charles VI, trag., 5 actes. 60
Demoiselle à marier (la), vaud., 1 acte. 60
Dernier amour (le), v., 3 actes. 60
Dernier banquet de 1848, rev., 3 actes. 60
Dernier marquis (le), dr. 5 actes. 60
Dette à la Bamboche, com.-vaud., 2 actes. 60
Deux Anglais (les), c., 3 actes. 60
Deux Compagnons du Tour de France, v. 2 a. 60
Deux Dames au violon, vaud., 1 a. 60
Deux Edmond (les), v., 2 actes. 60
Deux Favorites, v., 2 a. 60
Deux Forçats (les), dr., 3 actes. 60
Deux Frères (les), c., 4 actes. 60
Deux Gendres (les), com., 5 a. 60
Deux Jaloux (les), op.-com., 1 a. 60
Deux Maris (les) v., 1 a. 60
Deux Ménages (les), c., 3 actes. 60
Deux Normands, v., 1 a. 60
Deux papas très-bien, v., 1 acte. 60
Deux Philibert (les), com., 3 a. 60
Deux Sœurs, dr., 3 a. 60
Deux Systèmes (les) v., 2 actes. 60
Deux voleurs, op.-c., 1 acte. 60
Diable à quatre (le), v., 3 actes. 60
Diamant (le), v., 2 a. 60
Diamans de la couronne, opéra-com., 3 a. 60
Dîner de Madelon (le), vaud., 1 a. 60
Diogène, dr., 5 actes. 60
Diplomate (le), v., 2 a. 60
Diz (les), op.-com., 1 a. 60
Dix ans de la vie d'une femme, dr., 5 a. 60
Docteur Robin (le), v., 1 acte. 60
Dominique ou le possédé, com., 3 a. 60
Domino noir (le), op.-c., 3 actes 60
Don César de Bazan, dr., 5 actes. 60
Don Juan d'Autriche, com., 5 actes. 60
Don Sébastien de Portugal, opéra, 5 a. 1
Don Pasquale, op., 3 a. 1
Duc d'Olonne, op.-c., 3 actes. 60
Duchesse de Marsan, dr., 5 actes. 60
Duel (le) et le Déjeûner, vaud., 1 acte. 60
Eclair (l'), op.-c., 3 a. 60
Ecole des Vieillards (l'), com., 5 actes. 60
Economies de Cabochard et Sous Clé. 60
Edouard et Clémentine, vaud., 3 actes. 60
Echec et Mat, dr., 5 actes. 1
Elève de Saumur (l'), vaud., 1 acte. 60
Elle est folle, v., 3 a. 60
Embarras du choix (l'), vaud., 1 a. 60
Endymion, v., 1 a. 60
Enfant chéri des Dames, vaud., 2 a. 60
Enfants d'Edouard (les), trag., 5 a. 60
Enfant trouvé (l'), c., 3 actes. 60
Entre l'arbre et l'écorce, vaud., 1 acte. 60
Espionne russe (l'), v., 3 actes. 60
Est-ce un rêve? v., 2 a. 60
Estelle, vaud., 1 a. 60
Etourdis (les), c., 3 a. 60
Etudiants (les), dr., 5 a. 60
Eulalie Pontois, drame, 3 actes. 60
Eustache, v., 1 a. 60
Facteur (le), dr., 5 a. 60
Famille Glinet (la), c., 5 actes. 60
Famille improvisée (la), vaud., 1 acte. 60
Famille Riquebourg (la), vaud., 1 a. 60
Fanfan le bâtonniste, vaud., 2 a. 60
Farruck le Maure, dr., 5 actes. 60
Faublas, vaud., 5 actes. 60
Favorite (la), op., 4 a. 1
Femme de 40 ans, com., 3 actes. 60
Femme jalouse (la), c., 5 actes. 60
Fénélon, trag., 5 a. 60
Ferme de Bondy (la), vaud., 4 a. 60
Festin de pierre (le), com., 5 a. 60
Feu Peterscott, v., 2. a. 60
Fiancée (la), op.-c., 3 a. 60
Fiancée de Lammermoor (la), dr., 3 a. 60
Fille de Dominique (la), vaud., 1 a. 60
Fille d'honneur (la), c., 5 actes. 60
Fille du Cid (la), trag., 5 actes. 60
Fille du musicien (la), drame, 3 a. 60
Fille d'un voleur (la), vaud. 1 a. 60
Fille du tapissier (la), com., 3 a. 60
Fin du Monde (la), revue 1848. 60
Floridor le Choriste, com., 2 a. 60
Foire St-Laurent (la), vaud., 1 a. 60
Folle de la cité, dr., 5 a. 60
Frascati, vaud., 3 a. 60
Fra-Diavolo, op.-c., 3 actes. 60
Françoise et Francesca, vaud., 3 a. 60
Frédégonde et Brunehaut, trag., 5 a. 60
Frère et mari, op.-c. 60
Frères à l'épreuve (les), drame 5 a. 60
Gabrina, dr., 5 a. 60
Gaëtan il Mammone, drame 5 a. 60
Gamin de Paris, v., 2 actes. 60
Gardeuse de dindons, vaud., 3 a. 60
Gardien (le), v., 2 a. 60
Gaspardo le pêcheur, drame, 5 a. 60
Gendre d'un millionnaire (le), c., 5 a. 60
Geneviève la blonde, vaud., 2 a. 60
Georges et Maurice, vaud., 2 a. 60
Glenarvon ou les Puritains, dr., 5 a. 60
Grâce de Dieu (la), dr., 5 actes. 60
Grande Dame (la), dr., 2 actes. 60
Guerre des servantes, drame, 5 a. 60
Guillaume Colmann, d., 5 actes. 60
Guido et Ginevra, op., 5 actes. 1
Guillaume Tell, gr.-op. 5 actes. 1
Gustave III ou le Bal, grand-opéra, 5 a. 60
Harnali, parodie d'Hernani. 60
Héloïse et Abeilard, d., 5 actes. 60
Henri Hamelin, vaud., 3 actes. 60
Henri III et sa cour, d., 5 actes. 60
Héritage du mal (l'), drame 4 a. 60
Héritière (l'), comédie, 5 actes. 60
Héritière (l'), v., 1 a. 60
Héritiers ou le Naufrage (les), c., 1 a. 60
Héroïne de Montpellier (l'), drame, 5 a. 60
Heur et Malheur, v., 1 acte. 60
Homme au masque de fer (l'), dr., 5 a. 60
Homme blasé (l'), v., 2 actes 60
Homme de soixante ans, (l'), vaud., 1 a. 60
Homme gris (l'), c., 3 a. 60
Honorine, vaud., 3 a. 60
Hôtel garni (l'), c., 1 a. 60
Huguenots (les), grand opéra, 5 a. 1
Humoriste (l'), v., 1 a. 60
Hussard de Felsheim, (les), vaud., 3 a. 60
Idiote (l'), dr., 3 a. 60
Il y a seize ans, dr., 5 a. 60
Image (l'), vaud., 1 a. 60
Indépendants (les), c., 5 actes. 60
Industriels et industrieux, revue, 3 a. 60
Infortunes de M. Jovial (les), vaud., 3 a. 60
Intérieur des comités révolutionnaires, com., 3 actes. 60
Isabelle de Montréal, drame, 2 a. 60
Jacquot, vaud., 2 a. 60
Jaspin, vaud., 2 a. 60

LES ANTIPODES

VAUDEVILLE EN UN ACTE,

PAR MM. P.-J. BARBIER ET M. CARRÉ,

MUSIQUE NOUVELLE DE M. G. HIRT;

Représenté pour la première fois, à Paris, sur le théâtre des Variétés, le 29 juillet 1854.

Le Théâtre est séparé en deux compartiments.

PÉKING.

Un intérieur chinois. — Au fond, une fenêtre et une petite porte. — Porte à gauche. — Porte dérobée sur le premier plan. — Tables, coussins, etc. — Une armoire. — Tapisserie devant la fenêtre.

Personnages.	*Acteurs.*
KAN-KAN, rentier chinois.	M. CHARIER.
MI-MI, nièce de Kan-Kan.	Mlle ESTHER.
FU-THÉ, cousin de Mi-Mi, officier de l'armée chinoise.	MM. VILLETTE.
KO-KIN, valet de Kan-Kan.	RHÉAL.

PARIS.

Un intérieur français. — Porte au fond. — Porte à droite. — Porte dérobée sur le premier plan. — Grande armoire. — Table et chaises. — Une lampe allumée sur la table.

Personnages.	*Acteurs.*
COQUARDIN, bourgeois de Paris.	M. MUTÉE.
NINETTE, nièce de Coquardin.	Mlle POTEL.
ARTHUR, cousin de Ninette, sous-lieutenant de spahis.	MM. DANTERNY.
PIQUET, valet de Coquardin.	DELIÈRE.

SCÈNE PREMIÈRE.

MI-MI.

(Mi-Mi est mollement étendue sur des coussins; elle dort.)

COQUARDIN.

(Coquardin est assis dans un fauteuil; il tient une lettre à la main).

Quand je pense qu'à l'heure qu'il est... (Il consulte sa montre), à l'autre bout de la terre, en Chine, il se trouve peut-être, un pauvre diable de tuteur aussi... perplexe que moi!... et qu'à l'instant même où je parle, ce brave confrère est en train de se gratter le front comme moi!... en songeant au désagrément d'avoir une pupille et d'en être amoureux! (Il se lève.) Que dis-je!... le malheureux tient sans doute entre ses mains la preuve de son infortune, (Il montre la lettre.) une lettre de sa coquine de nièce, qu'il a eu, lui aussi, l'adresse d'intercepter!... (Riant.) Ah! ah! ah! je vois

MI-MI, rêvant.

Fu-Thé! mon cher Fu-Thé! (Elle soupire.) Ah!

(La porte de gauche s'entr'ouvre. Kan-Kan avance curieusement la tête et regarde dormir Mi-Mi).

(La tête de Kan-Kan disparaît; la porte se ferme.)

(Quand la porte s'est refermée, Mi-Mi a fait un mouvement comme pour se réveiller; elle ouvre à demi les yeux, se détire paresseusement en bâillant et fait un effort pour se lever.)

MI-MI.

Ah! qu'on est bien ainsi! Pourquoi m'a-t-on réveillée? Je suis sûre que c'est encore mon imbécile de tuteur qui est venu rôder autour de moi!...

(Mi-Mi se dirige, sur la pointe du pied, vers la porte de gauche; l'entr'ouvre et se penche pour regarder).

d'ici sa grimace!... (Changeant de ton.) Oui, mais peut-être voit-il la mienne de son côté!... diable!...

Pendant qu'ici moi je m'amuse
A rire de son embarras,
Je crois que ma mine confuse
Le divertit aussi là-bas!
Hélas! quelle chance est la nôtre!
Nous pouvons, mon cher mandarin,
D'un bout de l'univers à l'autre,
Comme on dit, nous donner la main!
Nous pouvons nous donner la main!...

Cette pensée devrait me consoler.... Eh! bien non! elle m'afflige profondément et je ne puis songer, sans tristesse, à tous les malheureux qui partagent mon sort. Est-ce donc une calamité nécessaire que, partout où il y a un oncle, une nièce et un cousin, le cousin fasse la cour à la nièce, la nièce trompe son oncle, et l'oncle finit toujours par être bafoué, moqué et conspué! c'est peut-être très gai pour les cousins, mais ce n'est guère réjouissant pour les oncles!... Enfin!...

COQUARDIN.

Hein?... est-ce que je n'ai pas entendu soupirer?... Voyons un peu ce que fait ma nièce en ce moment!...

(Il se dirige avec précaution vers la porte de droite, l'entr'ouvre et plonge à demi la tête dans la chambre voisine.)

COQUARDIN.

Elle dort! (Il ferme la porte.)

COQUARDIN.

Elle dort sur un canapé; la malheureuse!... Non! sur un volcan!... Ne précipitons rien!... et d'abord interrogeons Piquet!...

COQUARDIN, ouvrant la porte du fond.

Piquet!... Piquet!...

(Mi-Mi ferme vivement la porte.)

MI-MI.

Je ne me trompais pas! il est là!

MIMI, se penchant à la porte pour écouter.

Il appelle Ko-Kin, je crois!...

MI-MI.

Que lui veut-il?

(La tête de Ninette apparaît à la porte de droite.)

NINETTE, apercevant Coquardin.

Ah!... (Elle se retire vivement).

COQUARDIN, se retournant.

Quoi?...

COQUARDIN, regardant autour de lui.

Je croyais avoir entendu... Je me serai trompé!... (Appelant.) Piquet!!...

PIQUET, derrière le théâtre.

Me voilà, Monsieur!

(Piquet entre par la porte du fond.)

SCÈNE II.

MI-MI.

MI-MI.

Si je pouvais entendre!...

MI-MI.

Je n'entends rien!...

(Elle regarde par le trou de la serrure.)

COQUARDIN, PIQUET.

COQUARDIN.

Arrive ici, Piquet!... J'ai à te parler.

PIQUET.

Oui, Monsieur!...

COQUARDIN.

Piquet!

PIQUET.

Monsieur!

COQUARDIN.

Chut!... parlons bas!...

PIQUET.

Oui, Monsieur.

COQUARDIN.

Quand ma nièce t'a remis cette lettre, pour son cousin, que t'a-t-elle dit?...

PIQUET.

Elle m'a dit de ne la remettre qu'à lui, Monsieur, et elle m'a donné vingt sous!...

COQUARDIN.

Elle t'a donné vingt sous.

PIQUET.

Oui, Monsieur!...

COQUARDIN.

Mais alors, pourquoi me l'as-tu remise?

PIQUET.

Parce que vous m'en avez donné quarante, Monsieur!...

COQUARDIN.

C'est juste!...

MI-MI.

Quest-ce que c'est que cette lettre qu'il présente à Ko-Kin?...

MI-MI.

Pourvu que ce ne soit pas le petit billet que j'ai écrit ce matin à mon cousin pour l'inviter à déjeûner ! ..

MI-MI.

Mon tuteur est si jaloux !...

MI-MI, s'asseyant devant un miroir et se coiffant.

Ah bah !...

MI-MI.

Fu-Thé est mon cousin !. . J'ai le droit de lui écrire.

COQUARDIN.

Eh bien ! tu ne te trompais pas, mon ami, tes soupçons étaient fondés !...

PIQUET.

Ah ! Tant mieux !...

COQUARDIN, lui présentant la lettre.

Lis !...

COQUARDIN.

Je ne suis pas fâché d'avoir ton avis !...

PIQUET.

Volontiers !... (Il prend la lettre) Hum !...

PIQUET, lisant.

« Cher cousin,
» Il faut absolument que nous passions la
» soirée ensemble, n'oubliez pas que nous
» soupons à huit heures... Ninette... »

COQUARDIN, reprenant la lettre.

Eh bien ?...

PIQUET.

Eh bien ?...

COQUARDIN.

Qu'en dis-tu ?. .

PIQUET.

Eh !... Eh ! ..

COQUARDIN.

Je la trouve forte !...

PIQUET.

Mais oui !...

COQUARDIN.

Inviter cet animal d'Arthur à souper sans ma permission !...

PIQUET.

C'est léger !... C'est léger !...

COQUARDIN.

Un sous-lieutenant de spahis !...

PIQUET.

L'uniforme, Monsieur, l'uniforme !...

COQUARDIN.

Eh bien !... Quoi !.... L'uniforme !.... Moi aussi j'ai un uniforme !... Je suis sergent-major dans la garde nationale !...

PIQUET.

C'est vrai !...

MI-MI, tendrement.

Mon cousin est si gentil dans son costume de la légion du Croissant-Jaune!

MI-MI.

C'est égal!... Si Ko-Kin a remis ma lettre à Kan-Kan, son compte est bon.

MI-MI.

Il faudra que j'en aie le cœur net!...

MI-MI.

Tiens!... Il me semble que je l'entends rire!...

COQUARDIN.

Il est évident qu'elle savait que j'allais ce soir au conseil de discipline, et qu'elle voulait profiter de mon absence pour souper en tête à-tête avec son cousin...

PIQUET.

C'est évident!...

COQUARDIN.

Ainsi tu crois que...

PIQUET.

Oh! oui, Monsieur!...

COQUARDIN.

Tu n'es pas consolant, Piquet!...

PIQUET.

Dame!...

COQUARDIN.

C'est bien!... Je te remercie!

PIQUET.

De rien!...

COQUARDIN.

Voyons!... Ne nous emportons pas!.. La colère n'est bonne à rien!... Il vaut mieux ruser.

COQUARDIN.

Si je... pourquoi pas?... Le statagème est un peu usé, mais il ne manque jamais son effet!... (Riant.) Ah! ah! ah!...

PIQUET.

Ah! ah! ah!...

COQUARDIN.

Pourquoi ris-tu?

PIQUET.

Je ne sais pas, Monsieur!...

COQUARDIN.

J'ai une idée, Piquet! .. Je vais recacheter cette lettre et tu la porteras au cousin.

PIQUET.

Pourquoi faire?...

COQUARDIN.

Ça ne te regarde pas!... (Il recachète la lettre et la lui donne.) Va!...

PIQUET, riant.

C'est drôle.

COQUARDIN, lui serrant la main.

Non!... Ce n'est pas drôle!... Tu verras!...

PIQUET.

Ah! bah!...

KAN-KAN, dans la chamb de gauche.
Mi-Mi!...

MI-MI.
Il m'appelle!...

KAN-KAN
Mi-Mi!...

MI-MI.
On y va!...

COQUARDIN.
Silence!... Va!...

PIQUET.
Oui, Monsieur. (Il sort.)

COQUARDIN.
J'ai mon projet!...

COQUARDIN, appelant.
Ninette!...

COQUARDIN.
Ninette!...

NINETTE, dans la chambre de droite.
Me voilà!...

ENSEMBLE.

MI-MI, achevant de mettre une rose dans ses cheveux.

Mon tuteur m'appelle
Hélas! quel ennui!...
Si je me fais belle
Ce n'est pas pour lui!...

(Mi-Mi sort par la porte de gauche.)

COQUARDIN.

Pour tromper la belle,
Sachons aujourd'hui,
Sourire comme elle
Malgré mon ennui!...

(Ninette entre par la porte de droite.)

SCÈNE III.

COQUARDIN, NINETTE.

(Ninette a une rose dans ses cheveux.)

NINETTE
Vous m'avez appelée!...

COQUARDIN.
Oui, mon bijou!... Je t'ai appelée!... Cela te fâche-t-il?...

NINETTE.
Moi?... Point du tout!...

COQUARDIN.
Cette chère Ninette!... Comme la voilà belle!... On dirait qu'elle vient de se parer!.. Est-ce pour moi que tu as mis cette jolie rose dans tes cheveux?...

NINETTE.
Mais... sans doute!...

COQUARDIN, à part.
Coquine!...

NINETTE.
Vous dites?...

COQUARDIN.
Je dis que tu es charmante!... viens t'asseoir près de moi, mon cœur!... Viens!...

NINETTE, à part.

Je parie que Piquet lui a remis ma lettre !

(Elle s'assied près de Coquardin.)

COQUARDIN.

Chère nièce !... Chère petite nièce !...

(Il veut l'embrasser.)

NINETTE.

Vous m'aimez donc ?

COQUARDIN.

Si je t'aime !... (A part.) Je voudrais la battre !...

NINETTE.

J'ai à causer avec vous !

COQUARDIN.

Avec moi !

NINETTE.

Oui, Monsieur !... Qu'est-ce que c'est que cette lettre que vous teniez tout à l'heure à la main, s'il vous plaît ?...

COQUARDIN.

Ah ! tu m'as vu ?...

NINETTE.

Est-ce que cela vous contrarie ?...

COQUARDIN.

Moi !... quelle idée !... j'allais justement t'en parler... Où diable l'ai-je fourrée ?...

(Il fait semblant de chercher la lettre.)

SCÈNE IV.

FU-THÉ, puis KAN-KAN.

(Fu-Thé entr'ouvre sans bruit la fenêtre du fond, regarde à droite et à gauche pour voir s'il est seul et se glisse avec précaution dans la chambre.)

FU-THÉ.

Ouf ! m'y voilà !... marchons doucement !...

(Il pose son chapeau sur une chaise et se dirige vers la porte de gauche.)

FU-THÉ.

Il me semble que j'entends la voix du tuteur.

(Il regarde par le trou de la serrure.)

FU-THÉ.

Oui, le voilà ! Il est avec elle !...

COQUARDIN, NINETTE, puis PIQUET.

COQUARDIN.

Je ne sais ce que j'en ai fait !

NINETTE.

Cherchez bien !...

COQUARDIN.

Bah ! je la retrouverai plus tard... Tu connais l'ami Marouflet... c'est lui qui m'écrit...

NINETTE.

Ah !...

COQUARDIN.

Oui...

FU-THÉ.

Est-ce qu'il ne s'en ira pas ?...

FU-THÉ.

Relisons donc un peu la lettre de ma cousine...

(Il tire une lettre de sa poche.)

FU-THÉ, lisant.

« Petit cousin de mon cœur... »

FUTHÉ, lisant.

« Viens déjeuner ce matin avec moi !...

FU-THÉ, lisant.

« Je t'attends. Mi-Mi. »

(Il remet la lettre dans sa poche.)

FU-THÉ.

Il n'est pas question du tuteur, là-dedans, que diable !...

FU-THÉ.

Tiens! tiens! ils élèvent la voix, ce me semble!

COQUARDIN.

Il m'écrit pour me proposer une affaire superbe... Il faut que je parte ce soir même pour Orléans... Je ne reviendrai que demain...

NINETTE.

Ah !...

COQUARDIN.

Oui...

(Ninette se lève.)

NINETTE.

Monsieur Coquardin !...

COQUARDIN.

Bichette ?...

NINETTE.

Regardez-moi en face !...

COQUARDIN.

Pourquoi ?...

NINETTE.

Vous êtes un monstre, Monsieur Coquardin !...

COQUARDIN.

Moi, bichette !...

NINETTE.

Oui, Monsieur, un monstre !

NINETTE.

Et je ne suis pas une bête, entendez-vous !... Et vous n'allez pas du tout à Orléans, et ce n'est pas du tout Marouflet qui vous écrit, et c'est une femme, entendez-vous !

COQUARDIN.

Une femme !..

NINETTE.

Oui, Monsieur ! une femme !... Osez me démentir !...

COQUARDIN, à part.

Elle est jalouse !...

COQUARDIN, à part.

Est-ce que je me serais trompé ?... (Haut.) Mais, Ninette...

FU-THÉ.

Elle pleure !...

FU-THÉ.

Brutal ! va ! je voudrais lui couper les oreilles...
(Il continue de regarder par le trou de la serrure.)

FU-THÉ.

Diable !...

(Fu-Thé se range contre le mur ; la porte s'ouvre et le cache ; Kan-Kan paraît.)

KAN-KAN, cherchant.

Il doit être par ici, ce flacon !...

KAN-KAN, trouvant un flacon sur la table.

Le voilà !... Mais j'y pense, si c'était une ruse !...

KAN-KAN, qui s'est approché à pas de loup de la porte.

Elle rit !... Ah ! serpent !... Dissimulons !...
(Il s'élance dans la chambre voisine ; Fu-Thé ferme la porte derrière lui.)

NINETTE.

Est-ce ainsi que vous tenez vos promesses ?...

COQUARDIN.

Mais, Ninette !...

NINETTE, changeant de ton.

Et vous croyez que je consentirai à vous épouser !... Non, Monsieur ! je préfère un couvent... Je préfère... (En proie à une attaque de nerfs.) Ah ! ah ! ah !...

(Elle tombe sur une chaise.)

COQUARDIN.

Bon ! elle se trouve mal à présent !... (Lui frappant dans les mains.) Ninette !... ma nièce !... Ninette !...

NINETTE, criant toujours.

Ah !...

COQUARDIN.

Que faire, mon Dieu ! Ah ! son flacon !...
(Il se dirige vivement vers la porte à droite.)

(Coquardin ouvre la porte et disparaît.)

NINETTE, interrompant son attaque de nerfs.

Je commence à croire que ce n'est pas ma lettre !...

NINETTE.

Ce pauvre monsieur Coquardin ! (Riant.) Ah ! ah ! ah !...

(Coquardin reparaît un flacon à la main ; la porte se referme derrière lui.)

NINETTE, se livrant de nouveau à son attaque de nerfs.

Ah !... ah !...

COQUARDIN, lui faisant respirer le flacon.

Voyons ! Ninette ! voyons !... (A part.) Scélérate !... (Haut.) Chère nièce ! .. (A part.) Vipère !... (Haut.) Voyons, Ninette !...

FU-THÉ, se promenant à grands pas.

Mais va-t'en donc, butor !...

NINETTE, se levant tout-à-coup.

Non, Monsieur ! laissez-moi !...

COQUARDIN.

Je te jure...

NINETTE.

Vous mentez !...

COQUARDIN.

Mais, Ninette...

NINETTE.

Alors, montrez moi votre lettre.

COQUARDIN.

Mais...

NINETTE.

C'est bien !...

COQUARDIN.

Écoute !... Ninette, j'ai perdu cette lettre, mais je te jure, sur la tête de mes aïeux, que je suis un modèle d'innocence... (A part.) Et plût au ciel que j'en pusse dire autant de toi !

NINETTE.

Vous me le jurez?...

COQUARDIN.

Je te le jure.

NINETTE.

Hélas! il faut bien vous croire !...

COQUARDIN, l'embrassant.

Cher ange !

FU-THÉ.

Hein? je crois qu'il l'embrasse !...

NINETTE.

Avouez aussi qu'il est bien triste pour moi de rester toute seule!

COQUARDIN.

Que veux-tu, mignonne! puisqu'il le faut!... (A part.) Crocodile ! (Il l'embrasse.)

FU-THÉ.

Encore !

NINETTE.

Allons ! adieu !...

COQUARDIN.

Adieu !...

NINETTE, appelant.

Piquet! Piquet !...

PIQUET, paraissant au fond.

Mademoiselle !...

NINETTE.

Le manteau de monsieur !... sa canne, son chapeau, ses gants ! Allons vite !

COQUARDIN.

Chère petite nièce ! (A part.) Comme elle est pressée de me voir dehors !...

PIQUET, apportant à Coquardin les objets demandés par Ninette.

Voilà, Monsieur !

NINETTE, enveloppant Coquardin de son manteau.
Prenez bien garde de vous enrhumer !...

COQUARDIN.
Sois tranquille !

NINETTE, lui enfonçant le chapeau sur la tête.
Allons ! bonne nuit, mon oncle !

COQUARDIN.
Bonne nuit, Ninette ! (Il fait un pas pour sortir.) Eh ! bien, où vas-tu donc ?

NINETTE.
Je veux vous reconduire jusqu'à la porte.

COQUARDIN, avec une rage concentrée.
Qu'elle est gentille !

FU-THÉ, regardant de nouveau par le trou de la serrure.
Enfin !... il s'en va !...

ENSEMBLE.

FU-THÉ.
Enfin, il va partir !
Que le diable l'emporte !
Et s'il veut revenir,
Qu'on lui ferme la porte !

COQUARDIN.
Allons ! il faut partir !
Embrassons-nous !... (A part.) J'emporte
Pour pouvoir revenir
La clé de l'autre porte !

NINETTE, à part.
Enfin il va partir !
Je saurai faire en sorte,
Si l'autre doit venir,
De mal fermer ma porte !

PIQUET, à part.
Comment, il va partir ?
Je gage qu'il emporte
Pour pouvoir revenir
La clé de l'autre porte !

(Coquardin sort par la porte du fond avec Ninette.)

SCÈNE V.

FU-THÉ, puis KO-KIN.

(Fu-thé entrebâille la porte de gauche.)

FU-THÉ, refermant la porte.
Ko-Kin est là !... diable !...

PIQUET, puis NINETTE.

PIQUET.
Je mettrais ma main au feu que c'est pour les surprendre qu'il fait semblant de s'en aller !... (Se frottant les mains.) Si le cousin pouvait venir maintenant !... Ça serait drôle.. (Riant.) Eh ! eh ! eh !

(La porte de droite s'entrouvre à moitié.)

(La porte se referme.)

PIQUET.
Ah ! tu enfermes ton sucre, nièce imprudente ! Ah ! tu gardes les clefs de la cave ! Ah ! tu veux qu'on te rende des comptes !... Eh bien, je t'en ferai rendre, moi, des comptes !... Chacun son tour !... Mais parbleu ! j'y pense,

FU-THÉ.

Il vient ici!.. où me cacher? Ah!...

(Il se cache derrière une tapisserie.)

(Ko-Kin ouvre la porte de gauche et entre.)

KO-KIN.

Les domestiques seraient si malheureux s'ils n'avaient que leurs gages!...

(Il ouvre une armoire.)

(Fu-Thé éternue.)

KO-KIN.

Oh!...

(Il sort vivement et referme la porte. — Fu-Thé sort de derrière la tapisserie.)

FU-THÉ, après avoir examiné l'armoire, qu'il referme.

Ah! le drôle vole ma cousine! C'est bon à savoir!...

FU-THÉ, regardant par le trou de la serrure.

Elle est seule!... enfin!...

(Il s'élance dans la chambre de gauche.)

si je visitais un peu les armoires pendant qu'elle n'y est pas!

(Il se dirige vers la porte de droite.)

(Il ouvre la porte de droite et entre dans la chambre voisine.)

NINETTE, rentrant en scène.

Le voilà parti!

(Piquet reparaît et ferme vivement la porte. — Il aperçoit Ninette.)

PIQUET.

Dieu vous bénisse, Mademoiselle!

NINETTE.

A qui en as-tu, imbécile?

PIQUET.

J'en ai à l'éternuement de Mademoiselle.

NINETTE.

Es-tu fou avec ton éternuement?

PIQUET.

Mademoiselle n'a donc pas éternué?

NINETTE.

Eh! non, bavard!

PIQUET.

Pourtant, Mademoiselle...

NINETTE.

Allons! c'est bien!... laisse-moi!...

PIQUET.

Oui, Mademoiselle. (A part.) Est-ce que le sous-lieutenant serait ici, par hasard? Je fermerai la porte. (Il sort.)

NINETTE.

Je n'ai pas osé lui demander s'il avait remis ma lettre!

(Arthur entre précipitamment par la porte de droite. — Il est en bourgeois.)

SCÈNE VI.

NINETTE, ARTHUR.

NINETTE, se retournant.

Ah !...

ARTHUR.

C'est moi !

NINETTE.

Vous étiez là !

ARTHUR.

Depuis une heure.

NINETTE.

Comment donc êtes-vous entré ?

ARTHUR.

Par la fenêtre.

NINETTE.

Au risque de vous blesser !

ARTHUR.

Pas si bête !

NINETTE.

Mais pourquoi par la fenêtre !

ARTHUR.

Pour ne pas rencontrer cet imbécile de Coquardin !

NINETTE, avec dignité.

Arthur ! c'est mon tuteur !

ARTHUR.

Eh ! morbleu ! c'est bien ce qui me fâche !

NINETTE.

Au fait, vous avez eu raison ! il est si jaloux !

ARTHUR.

Si ennuyeux !

NINETTE.

Si despote !

ARTHUR.

Si brutal ! Car j'ai tout entendu. Il vous a fait pleurer, le rustre !

NINETTE.

C'était pour rire.

ARTHUR.

Ah ! bah !...

NINETTE.

Oui, je voulais savoir... Mais, à propos, vous avez reçu ma lettre, n'est-ce pas ?

ARTHUR.

Piquet me l'a remise comme je sortais de chez moi.

NINETTE.

Je ferai augmenter ses gages.

ARTHUR.

Vous n'avez qu'à le laisser faire ; il les augmentera tout seul.

NINETTE.

Comment ?

ARTHUR.

Je l'ai surpris qui fouillait dans vos armoires, le drôle !...

NINETTE, tendrement.
Est-ce que nous ne lui pardonnerons pas?

ARTHUR.
Oh! si!

NINETTE.
Je suis si heureuse de vous voir!

ARTHUR.
Et moi donc!

NINETTE.
Cher cousin!

ARTHUR.
Chère cousine!

ARTHUR et NINETTE.
Oui vraiment
C'est charmant!
Pour nous quel heureux moment!
Son / Mon tuteur,
Par bonheur,
Ce soir ne nous fait pas peur!

SCÈNE VII.

KAN-KAN, KO-KIN. — ARTHUR, NINETTE.

(La petite porte du fond s'ouvre. Kan-Kan paraît sur le seuil, suivi de Ko-Kin; ils sont armés de bâtons.)

ENSEMBLE.

KAN-KAN.
Ma nièce, sans doute
Me croit sur la route!
Mais, pour la surprendre avec son cousin,
J'ai très prudemment rebroussé chemin!

KO-KIN.
Sa nièce, sans doute,
Le croit sur la route!
Mais, pour la surprendre avec son cousin,
Il a prudemment rebroussé chemin!

ENSEMBLE.

KAN-KAN et KO-KIN.
Ah! vraiment,
C'est charmant
De bâtonner un amant!
Ton / Son tuteur
Peut sans peur
Le traiter comme un voleur!

ARTHUR et NINETTE.
Ah! vraiment!
C'est charmant!
Pour nous quel heureux moment!
Son / Mon tuteur,
Par bonheur,
Ce soir, ne nous fait pas peur!

KAN-KAN.
Ferme cette porte!.
(Ko-Kin va fermer la petite porte du fond.)

NINETTE.
Pourquoi donc n'avez-vous pas mis votre uniforme? Il vous va si bien!

ARTHUR.
Oui, mais il me serre trop! (se regardant

KAN-KAN.

Eh! bien! comprends-tu maintenant? Dis que je suis bête!

KO-KIN.

Volontiers, Monsieur, vous êtes bête!

KAN-KAN.

Quest-ce que c'est?... Insolent!...

KO-KIN.

Mais, Monsieur, vous me dites...

KAN-KAN.

C'est une manière de parler, nigaud! Je veux dire que je ne suis pas bête!

KO-KIN.

C'est différent!

(Kan-Kan fait le tour de la chambre et examine chaque objet l'un après l'autre.)

KAN-KAN.

De sorte que tu les crois ensemble, Ko-Kin?

KO-KIN.

Oui, Monsieur!...

KAN-KAN.

Et tu as fermé l'autre porte?

KO-KIN.

Oui, Monsieur!

KAN-KAN.

Et sans doute, en ce moment!...

KO-KIN.

Oui, Monsieur!

KAN-KAN.

Eh bien! nous allons rire! Ah! tu me crois

dans une glace.) Est-ce que vous me trouvez mal en bourgeois?

NINETTE.

Oh! je ne dis pas cela!

ARTHUR, riant.

C'est votre oncle qui est bon en sergent major!... (Il arrange sa cravate.)

NINETTE.

Voulez-vous bien vous taire!

(Elle s'assied et prend une broderie.

ARTHUR, venant s'asseoir auprès de Ninette.

Mais j'y pense, M. Coquardin n'avait pas revêtu le costume des braves ce soir. Est-ce qu'il n'est pas allé à son conseil de discipline?

NINETTE.

Comment? je ne vous ai pas dit! il est à Orléans, et il ne reviendra que demain.

ARTHUR.

Ah! bah! quelle chance! Nous avons toute la soirée à nous!

NINETTE.

A une condition.

ARTHUR.

Laquelle?

NINETTE.

C'est que vous serez sage!

ARTHUR.

Parbleu! (Il lui prend la taille.

parti, drôlesse! Ah! tu te figures que mon ami Fich-u So va me garder jusqu'à demain! (riant.) Ah! ah! ah!...

KO-KIN.

Ah! ah! ah!...

KAN-KAN.

Silence donc! animal!...

KAN-KAN.

Crois-tu qu'il soit armé?...

KO-KIN.

Je l'ignore, Monsieur.

KAN-KAN.

Il faudrait le prendre en traître!...

KO-KIN.

C'est une bonne idée!

KAN-KAN.

Ton bâton est-il solide?

KO-KIN.

Oh! pour cela! oui, Monsieur!

(Il donne un grand coup de bâton sur la table.)

KAN-KAN, lui saisissant le bras.

Imbécile!...

NINETTE, à Arthur qui veut l'embrasser.

Voyons, Monsieur! finissez!

ARTHUR.

Déjà!

NINETTE.

Vous m'aviez promis d'être sage!

ARTHUR.

Promettre et tenir sont deux! (Il l'embrasse.)

NINETTE

Arthur!...

ARTHUR, la retenant.

Je ne le ferai plus!...

NINETTE, se levant en sursaut.

Ah! avez-vous entendu?... Il y a quelqu'un dans ma chambre! (Elle court à la porte de droite, et regarde par le trou de la serrure.) C'est lui!

ARTHUR.

Qui?

NINETTE.

Mon tuteur!... il est avec Piquet! le traître lui aura montré ma lettre!... ils ont des bâtons!... s'il vous trouve ici, vous êtes mort!...

ARTHUR.

Diable!...

NINETTE.

Sauvez-vous!...

ARTHUR.

Par où!

NINETTE, indiquant la porte du fond.

Par là!...

ARTHUR, voulant ouvrir la porte qui résiste.

La porte est fermée!...

NINETTE.

Nous sommes perdus!...

KAN-KAN, indiquant le chapeau de Fu-Thé, resté sur une chaise.

Qu'est-ce que c'est que ça?

KO-KIN.

Un chapeau!

KAN-KAN.

Le sien, sans doute!... donne!

(Ko-Kin donne le chapeau à Kan-Kan, qui l'examine.)

KAN-KAN.

Ko-Kin!...

KO-KIN.

Monsieur!.

KAN-KAN.

As-tu du cœur!...

KO-KIN.

Oui Monsieur!...

KAN-KAN.

C'est bien! marchons!...

KO-KIN.

Marchons!...

NINETTE.

Attendez!... (Elle ouvre une petite porte pratiquée à droite dans la muraille, sur le premier plan) ce cabinet communique avec ma chambre!... entrez-y! et dès que M. Coquardin aura laissé le passage libre!...

ARTHUR.

Suffit!...

ENSEMBLE.

KAN-KAN.

En ce lieu,
Grâce à Dieu,
Si je puis le prendre,
Je le ferai pendre!
J'ai l'espoir,
Dès ce soir,
De ne jamais le revoir!

KO-KIN.

En ce lieu,
Grâce à Dieu!
S'il se laisse prendre,
On le fera pendre!
J'ai l'espoir,
Que ce soir,
Elle a trahi son devoir!

ARTHUR et NINETTE.

Sans adieu!
Avant peu!
Nous pourrons reprendre
Cet entretien tendre!
J'ai l'espoir
De vous voir
Sans danger un autre soir!...

KAN-KAN.

Allons! Ko-Kin!...

KO-KIN.

Allons! Monsieur!

(Kan-Kan se dirige vers la porte de gauche, tenant son bâton et le chapeau de Fu-Thé derrière son dos. — Il ouvre la porte et s'élance dans la chambre voisine, Ko-Kin le suit.)

(Arthur baise les mains de Ninette, entre dans le cabinet et referme la porte, Ninette se rassied et reprend sa broderie.)

(La porte de droite s'ouvre, Coquardin paraît sur le seuil. Il tient une canne et un chapeau gris derrière son dos. Piquet le suit avec un bâton à la main.)

SCÈNE VIII.

FU-THÉ, puis KAN-KAN et KO-KIN.

(Fu-Thé ouvre une petite porte, pratiquée dans la muraille, à gauche sur le premier plan, et entre en scène.)

FU-THÉ.

Sauvé!...

FU-THÉ.

Où diable est passé mon chapeau!... n'importe!... il n'y a pas de temps à perdre (Il ouvre la fenêtre et la referme aussitôt). Oh! des soldats!... je reconnais ma légion!... impossible de fuir!...

COQUARDIN, PIQUET, NINETTE, puis ARTHUR.

NINETTE.

Ah!... (à part) il était temps!

COQUARDIN.

Bonsoir! (à part) personne!...

NINETTE.

Comment! c'est vous!...

COQUARDIN, regardant autour de lui.

Oui, j'ai manqué le dernier convoi! (à part) il s'est sauvé, le lâche!

PIQUET, bas.

Impossible! Monsieur, la porte est fermée!...

COQUARDIN.

Il est là, peut-être (Il ouvre une armoire).

NINETTE.

Que cherchez-vous donc?

COQUARDIN

Rien!

PIQUET.

Rien!

NINETTE.

Voulez-vous souper?

COQUARDIN.

Je n'ai pas faim!

PIQUET.

Nous n'avons pas faim!...

(Coquardin regarde sous la table.)

NINETTE.

Décidément, vous cherchez quelque chose!

COQUARDIN.

Oui!

PIQUET.

Oui!

NINETTE.

Et quoi donc?

COQUARDIN.

Votre amant, mademoiselle!

NINETTE.

Mon amant!...

FU THÉ, écoutant.

Encore lui !... gredin, va !...

(Il s'élance dans la chambre voisine par la porte de gauche au moment où la petite porte dérobée s'ouvre et livre passage à Kan-Kan et à Ko-Kin.)

KAN-KAN, parcourant la chambre avec Ko-Kin.

Cherche, Ko-Kin ! cherche !...

(Kan-Kan et Ko-Kin ressortent par la porte de gauche.)

(Ko-Kin rentre par la porte de gauche et ressort aussitôt par la porte du cabinet.)

COQUARDIN.

Où est-il ?

PIQUET.

Où est-il ?...

NINETTE, éclatant de rire.

Ah ! ah ! ah !...

COQUARDIN.

Vous riez !... Elle rit !

PIQUET.

Elle rit !...

COQUARDIN.

Serait-elle innocente !

PIQUET, montrant la porte dérobée de droite.

Et ce cabinet, Monsieur !...

COQUARDIN.

C'est juste !...

(Il entre dans le cabinet suivi de Piquet.)

(Arthur entre précipitamment par la porte de droite.)

NINETTE.

Ah ! mon Dieu !

ARTHUR.

Maudite patrouille !... maudit tuteur !...

NINETTE, montrant l'armoire laissée ouverte par Coquardin.

Cette armoire !

ARTHUR.

Bravo !

(Il se précipite dans l'armoire que Ninette referme sur lui.)

(Coquardin et Piquet rentrent par la porte de droite.)

COQUARDIN.

Cherche ! Piquet ! cherche !...

PIQUET.

Personne, Monsieur !

COQUARDIN.

Est-ce que nous jouons aux barres ? (Indiquant la chambre de droite) passe par là ! nous le prendrons entre deux feux.

(Piquet rentre dans la chambre de droite, Coquardin rentre dans le cabinet, Ninette rit de plus belle.)

COQUARDIN et PIQUET, ensemble dans la coulisse.

Je le tiens !

(Ils entrent en se tenant tous les deux à la gorge.)

PIQUET, reconnaissant Coquardin.

Hein?

COQUARDIN.

Ah! bah!

PIQUET.

Décidément, il faut qu'il ait traversé les murailles!

COQUARDIN.

Malédiction!...

NINETTE.

Ah! j'ai un amant!...

COQUARDIN.

Osez le nier!

NINETTE.

Et qui donc, s'il vous plaît?

COQUARDIN.

Votre cousin, mademoiselle!

NINETTE.

Allez! vous êtes fou!

COQUARDIN, montrant à Ninette le chapeau d'Arthur.

Faites-moi le plaisir de me dire à qui appartient ce chapeau?

PIQUET.

Oui.

NINETTE.

Espérez-vous que je descendrai à me justifier devant ce valet, Monsieur!

COQUARDIN.

Comme il vous plaira!... Sortez, Piquet!

PIQUET.

Mais, Monsieur!...

COQUARDIN.

Sortez!

PIQUET.

Oui, Monsieur! (A part.) Si c'était moi!...

COQUARDIN.

Eh bien!

PIQUET.

Je sors! (Il ouvre la porte du fond et sort).

SCÈNE IX.

COQUARDIN, NINETTE, ARTHUR, caché.

COQUARDIN.

Nous voilà seuls! Parlez, mademoiselle!

NINETTE.

Vous me demandiez à qui était ce chapeau n'est-ce pas?

COQUARDIN.

Justement!

NINETTE.

Et vous ne l'avez pas encore deviné?

COQUARDIN.

Non, mademoiselle!

NINETTE, lui mettant le chapeau sur la tête.

Tenez!

COQUARDIN.

Comment?

NINETTE.

Il vous va très-bien!

COQUARDIN.

Qu'est-ce que cela prouve?

NINETTE.

Cela prouve qu'on l'a fait tout exprès pour vous, ingrat?

COQUARDIN.

Ingrat!

NINETTE.

Eh! oui, vous voyez bien que c'est un cadeau que j'ai voulu vous faire?

COQUARDIN.

Un cadeau!

NINETTE.

N'est-ce pas aujourd'hui votre fête?

COQUARDIN.

Ah! bah!...

NINETTE.

Vous l'aviez oublié?

COQUARDIN.

Mais la lettre!... la lettre!...

NINETTE, à part.

Il l'avait lue! (Haut.) Quelle lettre?

COQUARDIN.

Celle que vous avez adressée à votre cousin?

NINETTE.

Eh bien!

COQUARDIN.

Eh bien!

NINETTE.

Eh bien! vous ne comprenez donc rien?...

COQUARDIN.

Il me semble que...

NINETTE.

Qu'est-ce qu'il vous semble!... Je l'invitais à dîner pour célébrer avec nous ce jour de fête et pour boire à votre santé!

COQUARDIN.

Mais alors pourquoi me laisser partir?

NINETTE.

Pour vous punir d'avoir si peu de mémoire, monsieur! car c'est à moi que vous aviez promis un chapeau.

COQUARDIN.

Je t'ai promis un chapeau?

NINETTE.

Oui, Monsieur, pour ma fête!

COQUARDIN.

Mais puisque c'est la mienne!...

NINETTE.

Raison de plus!

COQUARDIN.

Eh! que diable! aussi, c'est la faute de Piquet avec ses histoires!... Voyons! pardonne-moi, et qu'il n'en soit plus question!

NINETTE.

Je ne le devrais pas !

COQUARDIN.

Je t'en prie !

NINETTE.

Je suis trop bonne !... (Elle lui donne sa main à baiser.)

COQUARDIN.

Ange ! (Rajustant son chapeau sur sa tête.) Il est un peu étroit pourtant !

NINETTE.

Je vous jure qu'il vous sied à ravir.

COQUARDIN.

Passons dans ta chambre !

ENSEMBLE.

COQUARDIN.

Dans ton miroir,
Je veux me voir !
Cette coiffure
Doit me faire une autre figure !

NINETTE.

Dans mon miroir,
Venez vous voir !
Cette coiffure
Vous embellit, je vous le jure !

(Ils entrent ensemble dans la chambre de droite.)

SCÈNE X.

KAN-KAN, MI-MI, puis KO-KIN et FU-THÉ.

(Kan-Kan et Mi-Mi entrent par la porte de gauche. — Kan-Kan est coiffé du chapeau de Fu-Thé.)

ENSEMBLE.

KAN-KAN.

Dans ton miroir,
Je veux me voir !
Cette coiffure
Doit me faire une autre figure !

MI-MI.

Dans mon miroir,
Venez vous voir !
Cette coiffure
Vous embellit, je vous le jure !

(Kan-Kan se regarde dans une glace.)

KAN-KAN.

Il est un peu trop large pour moi ! mais je le trouve très-joli !

MI-MI.

Que dites-vous de ces deux petites cornes ?

KAN-KAN.

Elles sont charmantes !

ARTHUR, puis PIQUET et COQUARDIN.

ARTHUR, sortant de son armoire.

Ouf ! Charles-Quint a raison ! on n'est pas bien dans une armoire (Il s'assied.)

MI-MI.

N'est-ce pas ?

KAN-KAN.

Charmantes ! Et moi qui la soupçonnais ! cette chère petite Ninette !

KAN-KAN.

Fu-Thé peut bien venir déjeûner avec nous quand il voudra, va !... Ce brave Fu-Thé ! je l'aime beaucoup !

KAN-KAN.

Veux-tu que je dise à Ko-Kin d'aller le chercher ?

MI-MI.

C'est inutile ! Il viendra un autre jour !

KAN-KAN.

Comme tu voudras !

KAN-KAN.

Nous déjeûnerons en tête à tête.

MI-MI, à part.

Ce sera gai !

(Kan-Kan frappe sur un goug.)

MI-MI.

Que faites-vous ?

KAN-KAN.

J'appelle Ko-Kin pour qu'il nous serve à déjeûner. (Il frappe de nouveau sur le goug.)

MI-MI.

A propos de Ko-Kin, vous savez qu'il vous vole.

KAN-KAN.

Ah ! bah !

MI-MI.

Oui, mon ami ! il boit votre vin !

KAN-KAN.

Il boit mon vin !

MI-MI.

Vous allez voir ! J'ai noirci le goulot de

ARTHUR, se levant.

Quand je pense qu'il va souper avec elle !

ARTHUR.

Ces tuteurs ont une chance !

ARTHUR.

C'est que je crève de faim, moi !

ARTHUR.

Brigand !

(On entend sonner dans la chambre de droite.)

COQUARDIN, dans la chambre de droite.

Piquet !

ARTHUR.

Diantre ! est-ce qu'il va falloir me refourrer dans l'armoire ?

(Il met un pied dans l'armoire dont il tient la porte ouverte.)

(Piquet entre par le fond. Il apporte le souper sur un plateau.

PIQUET.

Je parie qu'ils se sont raccommodés. Il est par trop bête, le bourgeois !

cette bouteille que vous n'aviez pas achevée... Quand il entrera, le traître aura un cercle noir autour des lèvres!

KAN-KAN.

Ah! parbleu! je suis curieux de voir ça!
(Il frappe de nouveau sur le goug.)

KAN-KAN.

Ko-Kin!

(Ko-Kin paraît sur le seuil de la porte de gauche. Il apporte le déjeûner sur un plateau. Un cercle noir se dessine autour de ses lèvres.)

KO-KIN.

Voilà, Monsieur.

MI-MI, bas, à Kan-Kan.

Regardez!

KAN-KAN.

Ah! la canaille! c'est ma foi vrai!
(Ko-Kin pose son plateau sur une table et se dispose à sortir. — Kan-Kan le retient.)

KAN-KAN.

Ko-Kin!...

KO-KIN, d'un air étonné.

Monsieur!

KAN-KAN.

C'est donc toi qui bois mon vin? Ah! drôle! ah! gredin! tiens! tiens!
(Il lui donne deux grands coups de pied au derrière.)

KO-KIN.

Holà!

KAN-KAN.

Je te chasse!

MI-MI, à part.

A la bonne heure! (Elle rit aux éclats.)

KAN-KAN.

Mais va donc! mais va donc!
(Il pousse Ko-Kin dehors et referme la porte.)

(On entend de nouveau sonner dans la chambr de droite.)

PIQUET.

N'importe!... c'est un brave homme! à sa santé! (Il boit à même la bouteille.)

ARTHUR, à part.

A la tienne!

COQUARDIN, dans la coulisse.

Piquet!

(Piquet replace la bouteille sur le plateau et entre dans la chambre de droite. Arthur quitte son armoire.)

ARTHUR, se rapprochant de la porte de droite.

Si j'osais!...

PIQUET, sortant précipitamment de la chambre de droite.

Holà! (Il se heurte contre Arthur.)

ARTHUR.

Ah! sacrebleu! animal!
(Il donne un coup de pied à Piquet.)

PIQUET.

Holà! (Il sort en courant.)

KAN-KAN.
Hein? tu m'appelles, animal?
(Il ouvre la porte de gauche et sort.)

MI-MI.
Je suis vengée!

KAN-KAN, rentrant avec Fu-Thé.
Vous déjeûnerez avec nous! (A Mimi.) Le voilà!

MIMI.
Mon cousin!

KAN-KAN.
A table

MI-MI.
A table!

FU-THÉ.
Ma foi! je ne demande pas mieux; j'ai un appétit d'enfer ce matin!

MIMI, lui tendant la main.
Pauvre garçon!

FU-THÉ, bas à Mi-Mi.
Pourquoi a-t-il mon chapeau?

MI-MI, bas.
Je vous conterai cela.

KAN-KAN, après avoir placé la table au milieu de la chambre.
Es-tu contente de moi?

MI-MI.
Très contente!

KAN-KAN.
Oh! les femmes!

FU-THÉ.
Les femmes! c'est partout comme ça, mon cousin! (Ils s'attablent.)

KAN-KAN, MI-MI et FU-THÉ, ensemble.
A table! vite à table!
Que ce vin délectable
Ranime pour toujours
Nos amours!

(La porte de droite s'ouvre. Coquardin paraît.)

COQUARDIN.
Ah! scélérat! (Apercevant Arthur.) Tiens! c'est Arthur! ce cher Arthur! J'allais vous envoyer chercher! (Il lui serre la main.)

ARTHUR, à part.
Il a mon chapeau!

COQUARDIN.
Mais venez donc!
(Il l'entraîne dans la chambre de droite.)

CHOEUR, dans la coulisse.
A table! vite à table!
Que ce vin délectable
Ranime pour toujours
Nos amours!

COQUARDIN, dans la coulisse.
Au diable les chagrins
Et la sombre tristesse

KAN-KAN.
Moi, je bois aux cousins

COQUARDIN, dans la coulisse.
Moi, je bois à ma nièce!

REPRISE DE L'ENSEMBLE.

A table! vite à table! etc.

A table! vite à table! etc.

FIN DES ANTIPODES.

Paris. — Imprimerie française et espagnole de Dubuisson et Ce, rue Coq-Héron, 5.

Jean, vaud., 3 a. 60
Jean Lenoir, v., 2 a. 60
Jeanne d'Arc, dr., 5 a. 60
Jeanne d'Arc, trag., 5 a. 1
Jeanne et Jeanneton, dr. 5 actes 60
Jean de Bourgogne, c., 3 actes. 60
Jesuite (le), dr., 3 a. 60
Jeune femme colère (la), com., 1 a. 60
Jeune Mari (le), c., 3 a. 60
Jeunesse de Henri V, c., 5 actes. 60
Jeunesse de Richelieu (la), com., 5 actes. 60
Journée (la), d'une Jolie Femme, vaud., 5 a. 60
Judith, vaud., 2 a. 60
Judith, tr., 3 a. 1
Juive (la), grand opéra, 5 actes. 1
Jumeaux Béarnais (les), dr., 4 a. 60
Justice de Dieu (la), drame, 5 a. 60
Kean, drame, 5 actes. 60
Ketty ou le Retour en Suisse, vaud., 1 a. 60
Kiosque (le), op.-com., 1 acte. 60
Lac des Fées (le), grand opéra, 5 actes. 1 f.
Lady Seymour, dr., 5 a. 60
Laitière de la Forêt (la), vaud., 2 actes. 60
Laitière de Montfermeil, vaud., 5 actes. 60
Lambert-Simnel, op.-c., 3 actes. 60
Landaw (le), v., 1 act. 60
Lalande, dr., 5 actes. 60
Lazare le Pâtre, drame, 5 actes. 60
Léonide, com.-v., 3 act. 60
Léontine, dr.-v., 3 act. 60
Lisbeth ou la Fille du laboureur, dr., 3 act. 60
Liste de mes maîtresses (la), vaud., 1 a. 60
Lorgnon (le), v., 1 acte. 60
Louis XI, trag., 5 act. 60
Louise, ou la Réparation, vaud., 2 actes. 60
Louise de Lignerolles, drame, 5 actes. 60
L'une pour l'autre, com., 1 acte. 60
Lucie de Lamermoor, op., 3 actes. 1
Lucile, drame, 3 actes. 60
Lune de miel (la), vaud., 2 actes. 60
Lune rousse (la), v., 1 a. 60
Luxe et Indigence, com., 5 actes. 60
Machabées (les), drame, 5 actes. 60
Maçon (le), op.-c., 3 a. 60
Madame Barbe-Bleue, v., 2 actes. 60
Madame de Brienne, dr., 2 actes. 60
Madame du Barry, v., 3 actes. 60
Madame de Lucenne, c., 3 actes. 60
Madame de Sévigné, v., 3 actes. 60
Madame Duchâtelet, v., 1 acte. 60
Madame Gibou et madame Pochet, v., 5 a. 60
Madame Grégoire, vaud., 2 actes. 60
Madame Lavalette, dr., 2 actes. 60
Mademoiselle Bernard, vaud., 1 acte. 60
Mademoiselle d'Aloigny, 60
Mademoiselle de Belle-Isle, com., 5 actes. 1 f.
Mademoiselle de Choisy, vaud., 3 actes. 60
Mademoiselle de Mérange, op.-com., 1 a. 60
Mademoiselle Desgarcins, vaud., 1 acte. 60
Mademoiselle Rose, com., 3 a. 60
Ma Femme et mon Parapluie, vaud. 1 act. 60
Magasin de la graine de lin (le), vaud., 1 a. 60
Main de Fer (la), opér.-com., 3 a. 60
Maison en loterie (la), vaud., 1 a. 60
Maîtresse de Poste (la), vaud., 1 a. 60
Malheurs d'un Amant heureux (les), v., 2 a. 60
Malheurs d'un joli garçon (les), vaud., 1 a. 60
Mal Noté dans le quartier, vaud., 1 a. 60
Malvina, vaud., 2 a. 60
Manoir ou une épisode de la Fronde. 60
Mansarde des Artistes (la), vaud., 1 a. 60
Mantille (la), op.-c., 1 a. 60
Marché de Londres, dr., 5 actes. 60
Marguerite, op.-c., 3 a. 60
Mari à la campagne (le), c., 3 actes. 60
Mari de sa cuisinière (le), vaud., 2 a. 60
Mari de ma femme (le), com., 3 a. 60
Mari et l'Amant (le), com., 1 a. 60
Mariage d'argent (le), com., 5 a. 60
Mariage de raison, v., 2 actes. 60
Mariage extravagant, v., 1 a. 60
Mariage impossible (le), vaud., 2 a. 60
Marie Mignot, v., 3 a. 60
Marie, ou le Dévouement, dr., 3 a. 60
Marie Stuart, trag., 5 a. 60
Marie de Rohan, opéra, 3 actes. 1 fr.
Marie Jeanne, dr., 5 a. 60
Marie Stuart, op., 5 a. 1
Marino Faliero, trag., 5 actes. 60
Maris sans femmes (les), vaud., 1 a. 60
Maris vengés (les), v., 5 actes. 60
Marius à Minturnes trag., 5 a. 60
Marquis de Brunoy (le), drame, 5 actes. 60
Marquis de Carabas (le) vaud., 2 actes. 60
Marquise de Rantzau (la), vaud., 2 actes. 60
Marraine (le), v., 1 act. 60
Masaniello, op.-com., 4 actes. 60
Mathilde, drame, 5 a. 60
Médisant (le), coméd., 4 actes. 60
Mémoires d'un colonel de hussards, vaudeville, 1 acte. 60
Ménestrel (le), coméd., 5 actes. 60
Mère au bal et la Fille à la maison (la), v., 2 actes. 60
Mère de famille, vaud. 1 acte. 60
Michel Bremond, dr. 5 a. 1
Michel et Christine, v., 1 acte. 60
Michel Perrin, vaud., 2 actes. 60
Mil sept cent soixante, com., 1 acte. 60
Mina, opéra-com., 3 a. 60
Miracle des Roses, dr. 5 act. 1
Misanthropie et repentir, comédie, 5 actes. 60
Moiroud et compagnie, vaudev., 1 acte. 60
Mon cousin de neveu, vaud., 1 acte. 60
Monsieur Chapelard, v., 1 acte. 60
Monsieur Sans-Gêne, v., 1 acte. 60
Monte-Christo drame, 10 actes, Dumas. 2
Mousquetaires (les), dr. 5 actes, Dumas. 1
Mousquetaires de la reine (les), op.-com., 3 actes. 1
Muette de Portici (la), gr. opéra, 5 actes, 1 fr.
Mystères de Paris (les), drame, 5 actes, 1 fr.
Mystères de Passy (les), parodie en 11 tabl. 60
Nanon, Ninon et Maintenon, v., 3 actes. 60
Napoléon, dr., 9 tabl. 60
Naufrage de la Méduse (le), op.-com., 4 act. 60
Naufrageurs (les), dr., 3 actes. 60
Neige (la), op.-com., 4 actes. 60
Nicolas Nickleby, dr., 5 actes. 60
Ninon chez Madame de Sévigné, op.-c., 1 a. 60
Nizza de Grenade, op., 3 actes. 1
Noémie, vaud., 2 actes. 60
Norma, trag. 5 a. 60
Norma, op., 3 actes. 1
Nouvelle Héloïse (la), dr. 3 actes. 60
Nouvelles d'Espagne, (les), c., 1 acte. 60
Nouveau Pourceaugnac, (le), vaud., 1 acte. 60
Nuées (les), comédie en 2 actes. 60
Nuit du meurtre (la), dr., 5 actes. 60
Obstacle imprévu (l'), coméd., 3 actes. 60
Ogresse (l'), v. 2 act. 60
Oiseaux de Boccace, v., 1 acte. 60
Oncle Baptiste, vaud., 2 actes. 60
Oscar, coméd., 3 actes. 60
Othello, op., 3 actes. 1
Ours et le Pacha (l'), v., 1 acte. 60
Ouverture de la chasse (l'), vaud., 1 acte. 60
Ouvriers (les), v., 1 a. 60
Pacte de famine (le), dr., 5 act. 60
Panier fleuri (le), op.-com., 1 acte. 60
Paquerette, v., 1 a. 60
Paria (le), trag., 5 actes. 60
Parleur éternel et le Turc (le). 60
Part du diable (la), op.-com., 3 actes. 60
Passé midi, v., 1 acte. 60
Passé minuit, v., 1 acte. 60
Passion secrète (la), c., 4 act. 60
Paysan perverti (le), vaud., 3 actes. 60
Pénitents blancs (les), vaud., 2 actes. 60
Père de famille (le), dr., 5 actes. 60
Père de la débutante (le), vaud., 5 actes. 60
Père Pascal (le), vaud., actes. 60
Périnet Leclerc, drame, 2 5 actes. 60
Permission de dix heures, v., 1 acte. 60
Perruquier de la régence, op.-com., 3 actes. 60
Petit homme gris, v., 1 acte. 60
Petit Chaperon rouge, op.-com., 3 actes. 60
Péché et pénitence, v., 1 acte. 60
Phare de Bréhat, v., 1 acte. 60
Philippe, vaud., 1 acte. 60
Philantropes (les), c., 3 actes. 60
Philosophe sans le savoir (le), c. 5 a. 60
Philtre (le), grand op., 2 actes. 60
Philtre champenois (le) vaud., 1 acte. 60
Phœbus ou l'Ecrivain public, vaud., 2 a. 60
Picaros et Diégo, op.-com., 1 acte. 60
Pied de mouton (le), v., 3 actes. 60
Pie voleuse, dr., 3 a. 60
Pie voleuse, op.-com., 3 actes. 60
Pioupiou (le), v., 2 a. 60
Planteur (le), op.-com., 2 actes. 60
Plus beau jour de la vie (le), v., 2 actes. 60
Poil de la prairie (le), com. 3 actes. 60
Polder ou le Bourreau, dr., 3 actes. 60
Poletais (les), v., 2 a. 60
Polka (la), v., 1 a. 60
Poltron (le), v., 1 a. 60
Pontons (les), dr. 5 a. 60
Popularité (la), coméd., 5 actes. 60
Portrait vivant, c., 3 a. 60
Postillon de Lonjumeau, (le), op.-com., 3 a. 60
Poupée (la), v., 1 a. 60
Pourquoi? v., 1 a. 60
Pré-aux-Clercs, op.-c., 3 actes. 60
Précepteur à vingt ans (le), v., 2 a. 60
Première affaire (la), com., 3 actes. 60
Premières amours (les), vaud., 1 acte. 60
Prétendante (la), com., 3 actes. 60
Prétendants (les), com., 3 actes. 60
Préville et Taconnet, v., 1 a. 60
Princesse Aurélie (la), com., 5 a. 60
Prison d'Edimbourg (la), op.-c., 3 a. 60
Projets de mariage (les), com., 1 a. 60
Prophète (le), op., 5 a. 1 fr.
Prosper et Vincent, v., 2 actes. 60
Protégé (le), v., 1 a. 60
Puits d'amour, op.-c., 3 actes. 1 fr.
Pupilles de la garde, v., 2 actes. 60
Pauvre Jacques, v., 1 a. 60
Paysans (les), dr., 5 a. 60
Quaker et la danseuse, v., 1 a. 60
Quatre-vingt-dix-neuf moutons, v., 1 a. 60
Rabelais ou le curé de Meudon, v., 1 a. 60
Ravel en voyage, v., 1 acte. 60
Raymond Varney, dr.,
Rébecca, v., 2 a. 60
Régine ou les deux nuits, op.-com., 2 a. 60
Reine de Chypre, op., 5 actes. 1 fr.
Reine de seize ans (la), v., 2 a. 60
Rendez-vous Bourgeois, (les), op.-com., 1 a. 60
République, l'Empire et les Cent jours (la). 60
Rêve du mari ou le manteau, c., 1 a. 60
Richard d'Arlington, dr., 5 a. 60
Richard en Palestine, op., 5 a. 1 fr.
Richard Savage, dr., 5 a. 60
Rigoletti, v., 1 a. 60
Rivaux d'eux-mêmes (les), c., 1 a. 60
Robert, chef de brigands, dr., 5 a. 60
Robert d'Evreux, op., 3 actes. 1 fr.
Robert-le-Diable, op., 5 actes. 1 fr
Robin des bois, op.-c., 3 actes. 60
Rodolphe, dr., 1 a. 60
Roman (le), c., 5 a. 60
Roman de Pension (un), v., 1 acte. 60
Roman d'une heure (le), c., 1 a. 60
Rose jaune (la), v., 1 a. 60
Rose de Péronne (la), op.-com., 3 a. 60
Rue de la Lune (la), v., 1 acte. 60
Ruy-Brac, parodie de Ruy-Blas. 60
Saltimbanques (les), v., 3 actes. 60
Samuel le marchand, dr., 5 a. 60
Sans tambour ni trompette, v., 1 a. 60
Satan ou le Diable à Paris, c.-v., 4 a. 60
Saül, trag., 5 actes. 60
Seconde année (la), v., 1 acte. 60
Secondes noces, v., 2 a. 60
Secret de la confession, (le), dr., 5 a. 60
Secret du ménage (le), com., 3 a. 60
Secret du soldat (le),
Secrétaire (le) et le Cuisinier, v., 1 a. 60
Sept heures, dr., 3 a. 60
Serment de collége (le), vaud., 1 a. 60
Shérif (le), op.-comique, 3 actes. 60
Sirène (la), op.-comique, 3 actes. 60
Sœur de Jocrisse (la), v., 1 acte. 60
Soldat de la Loire (le), dr., 1 a. 60
Somnambule (la), v., 2 actes. 60
Sonneur de Saint-Paul (le), dr., 5 a. 60
Sophie Arnould, vaud., 5 actes. 60
Suisse de Marly (le), v., 1 acte. 60
Sujet et duchesse, dram., 3 actes. 60
Surprises (les), v., 1 a. 60
Susceptible (le), c., 1 a. 60
Suzette, vaud., 2 a. 60
Symphonie (la), op.-c., 1 acte. 60
Talismans (les), drame, 5 actes. 60
Tasse (le), dr., 5 a. 60
Temple de Salomon (le), dr., 5 a. 60
Térésa, drame, 5 a. 60
Thérèse ou l'Orpheline de Genève, dr., 3 a. 60
Thérèse, op.-c., 2 a. 60
Tisserand de Ségovie (le), trag. en 5 actes. 60
Tôt ou tard, com., 3 a. 60
Toujours ou l'Avenir d'un fils, v., 2 a. 60
Toupinel, vaud., 2 a. 60
Tour de Nesle (la), dr., 5 actes. 60
Tout pour de l'or, dr., 5 actes. 60
Trafalgar, vaud., 1 a. 60
Treize (les), op.-c., 3 a. 60
Trente ans ou la Vie d'un joueur, dr., 3 a. 60
Tribut des cent vierges, (le), dr., 5 a. 60
Trois Gobe-Mouches, v., 1 act. 60
Turlurette, vaud., 1 a. 60
Tutrice (la), com., 3 a. 60
Un bal de grisettes, v., 1 acte. 60
Un Duel sous Richelieu, dr., 3 a. 60
Un fils, mélodr., 4 a. 60

Un mari charmant, v., 1 acte. 60
Un mari du bon temps, vaud., 1 acte. 60
Un mari, s'il vous plait, vaud., 1 acte. 60
Un ménage parisien, dr., 2 actes. 60
Un moment d'imprudence, com., 3 a. 60
Un monsieur et une dame, vaud., 1 a. 60
Un page du régent, vaud., 1 acte. 60
Un péché de jeunesse, v., 1 acte. 60
Un premier amour, v., 3 actes. 60
Un scandale, v., 1 acte. 60
Un veuvage, com., 3 a. 60
Un testament de dragon, vaud., 1 acte. 60
Un vieux de la vieille, v., 1 acte. 60
Une aventure de Scaramouche, opéra. 1 f.
Une double leçon, com., 1 acte. 60
Une famille au temps de Luther, trag., 1 a. 60
Une faute, vaud., 2 a. 60
Une femme laide, vaud., 2 actes. 60
Une fête de Néron, tr., 5 actes. 60
Une chaîne, com., 5 act. 60
Une heure de mariage, op.-com., 1 a. 60
Une invasion de grisettes, vaud., 2 a. 60
Une journée à Versailles, com., 3 a. 60
Une nuit au sérail, v., 2 actes. 60
Une position délicate, v., 1 acte. 60
Une présentation, com., 3 actes. 60
Une Saint-Hubert, com., 1 acte. 60
Une vision ou le Sculpteur, vaud., 1 a. 60
Une visite nocturne, v., 1 acte. 60
Vagabond (le), dr., 1 a. 60
Val d'Andorre (le), op.-com., 3 actes. 1 f.
Valentine, vaud., 2 a. 60
Valérie, com., 3 a. 60
Veau d'or (le), v., 2 a. 60
Vêpres (les) siciliennes, trag., 5 a. 60
Verre d'eau, com., 5 a. 60
Vert-Vert, vaud., 3 a. 60
Veuve de la Grande armée (une), dr.-v., 4 a. 60
Vie de château (la), v., 2 actes. 60
Vie de garçon, v., 2 a. 60
Vie d'un comédien, com., 4 actes. 60
Vieille (la), op.-com., 1 acte. 60
Vieux péchés (les), vaud., 1 acte. 60
Vingt-six ans, v., 2 a. 60
Voisin Bagnolet (le), v., 1 acte. 60
Voyage à Dieppe (le), c., 3 actes. 60
Voyage de Robert Macaire, vaud., 1 a. 60
Werther ou les Egarements, vaud., 1 a. 60
Yelva ou l'Orpheline russe, vaud., 2 a. 1 f.
Zampa ou la Fiancée de marbre, op.-com., 3 a. 60
Zoé ou l'Amant prêté, vaudev. 60
Villefort, dr. en 5 actes. 1 f.
Le comte de Morcerf, dr. en 5 actes. 1 f.
Le Maître de Chapelle, op.-com. en 1 acte. 60
Joseph, drame lyriq., en 3 actes. 1 f.
Livre III, Chapitre Ier, com. en 1 acte. 60
La Poissarde ou les Halles en 1804, dr. en 5 actes. 60
L'Amour à la Maréchale, comédie en 2 actes. 60
Le Misanthrope et l'Auvergnat, com. en 1 a. 60
Les Filles sans dot, com. en 3 actes. 60
Moïse, opéra en 4 actes. 1 f.
Mercadel, com. en 3 actes, in-18, 1
Les papillotes de M. Benoist, in-18, opéra com. en un acte. 1

Pièces de VICTOR HUGO, à 60 centimes :

ANGELO, drame en 3 actes.
BURGRAVES (les), trilogie.
ESMÉRALDA (la), opéra en 4 actes.
HERNANI, drame en 5 actes.
LUCRÈCE BORGIA, drame en 3 actes.
MARIE TUDOR, drame en 3 actes.
MARION DELORME, drame en 5 actes.
ROI S'AMUSE (le), drame en 5 actes.
RUY-BLAS, drame en 5 actes.

LE CUISINIER ROYAL.

Un volume in-octavo, par VIART. — Prix : 5 francs.

ON TROUVE A LA MÊME LIBRAIRIE :

LE CHASSEUR AU CHIEN D'ARRÊT,

Contenant les habitudes, les ruses du Gibier, l'art de le chercher et de le tirer, le choix des Armes, l'Éducation des Chiens, leurs maladies, etc.

PAR ELZÉAR BLAZE,

3e édition. — 1 vol. in-8o. — Prix 7 fr. 50 c.

LE CHASSEUR AU CHIEN COURANT,

Contenant les habitudes, les ruses des Bêtes ; l'Art de les quêter, de les juger et de les détourner, de les attaquer, de les tirer ou de les prendre à force ; l'éducation du Limier, des Chiens courans, leurs maladies, etc.

PAR ELZÉAR BLAZE,

2 volumes in-8o. — Prix : 15 francs.

HISTOIRE DU CHIEN

CHEZ TOUS LES PEUPLES DU MONDE,

d'après la Bible, les pères de l'Église, le Koran, Homère, Aristote, Xénophon, Hérodote, Plutarque, Pausanias, Pline, Horace, Virgile, Ovide, Jean Caius, Paulini, Gessner, etc.

PAR ELZÉAR BLAZE,

Un vol. in-8o. — Prix : 7 fr. 50 cent.

La vie militaire sous l'Empire,

OU

MOEURS DE LA GARNISON, DU BIVOUAC ET DE LA CASERNE,

par EL. BLAZE,

DEUX VOLUMES IN-8. — PRIX 15 FR.

LE CHASSEUR AUX FILETS

OU LA CHASSE DES DAMES,

Contenant les habitudes, les ruses des pe[tits] Oiseaux, leurs noms vulgaires et scient[ifi]ques, l'Art de les prendre, de les nourrir, de les faire chanter en toute saison, la ma[]nière de les engraisser, de les tuer et de [les] manger.

PAR ELZÉAR BLAZE,

1 vol. in-8o, avec pl. gravées. — Prix : 7 fr. 50

LE MÊME, grand papier vélin, imprimé encre rouge. — Prix : 15 fr.

CABINET SECRET DU MUSÉE ROYAL DE NAPLES.

1 beau volume in-4o grand raisin vélin, orné de 60 planches coloriées, représentant les peintures, les bronzes et statues érotiques qui existent dans ce cabinet. Au lieu de 100 fr., broché...... 60 fr.
LE MÊME, figures noires, broché.............................. 40
— figures coloriées sur chine, demi-reliure en veau... 80
— figures noires sur chine, demi-reliure en veau....... 70
— doubles fig. noires et coloriées, cartonné à la Bradel. 90
— avec les deux collections de gravures sur papier de Chine parfaitement coloriées, demi-rel., dos en veau à nerfs.. 120

L'art ancien et l'art au moyen-âge ne se piquaient pas d'une p[u]deur bien chaste ; les plus admirables chefs-d'œuvre sont souv[ent] accompagnés de détails obscènes qui en rendent impossible l'ex[po]sition aux yeux de tous. Le cabinet secret du roi de Naples [est] la seule galerie au monde où l'on se soit proposé de réunir t[ous] les chefs-d'œuvre impudiques. Le livre qui les reproduit est l'in[dis]pensable complément de toutes les collections de musées, et d[oit] trouver place dans un coin secret de la bibliothèque de l'artiste et [de] l'amateur.

ALMANACH DES SPECTACLES

Pour 1852 et 1853.

1re année. — 2e année.

Par M. PALIANTI. — 1 vol., 2 fr. 50 c. chaque.

JEANNE D'ARC,

Par **A. SOUMET.** — 1 vol. in-8o, prix 5 fr.

THÉATRE DU MÊME,

1 vol. in-8o, prix : 4 fr.

Paris. — Imprimerie française et espagnole de DUBUISSON et Ce, rue Coq-Héron, 5.

www.ingramcontent.com/pod-product-compliance
Ingram Content Group UK Ltd.
Pitfield, Milton Keynes, MK11 3LW, UK
UKHW020441220726
13923UKWH00005B/2253

9 782329 063027